# Budgeting

# Planner

Name: ______________________________

Phone: ______________________________

Email: ______________________________

Address: ______________________________

EightIdd Ge. Press

# Monthly Budget

Month:________________ Budget:_____________

| Income | | Amount |
|---|---|---|
| Income 1: | | |
| Income 2: | | |
| Other income: | | |
| | Total | |

| Bill To Be Paid | Date Due | Amount | Paid |
|---|---|---|---|
| | | | |
| | | | |
| | | | |
| | | | |
| | | | |
| | | | |
| | | | |
| | | | |
| | | | |
| | | | |
| | | | |
| | | | |
| | | | |
| | | | |
| | | | |
| | | | |
| | | | |
| | | | |
| | | | |
| | | | |
| | | | |
| | | | |
| | | | |
| | | | |
| | Total | | |

# Monthly Budget

| Other Expenses | Date | Amount |
|---|---|---|
| | | |
| | | |
| | | |
| | | |
| | | |
| | | |
| | | |
| | | |
| | | |
| | | |
| | | |
| | | |
| | | |
| | | |
| | | |
| | | |
| | | |
| | | |
| | | |
| | | |
| | | |
| Total | | |

| Total Income | Total Expenses | Difference |
|---|---|---|
| | | |

Notes:

# Weekly Expenses

Month:__________ Week:_________ Budget: _________

## Monday

| Description | Amount |
|---|---|
| | |
| | |
| | |
| | |
| | |
| | |
| | |
| | |
| | |
| | |
| | |
| Total | |

## Tuesday

| Description | Amount |
|---|---|
| | |
| | |
| | |
| | |
| | |
| | |
| | |
| | |
| | |
| | |
| | |
| Total | |

## Wednesday

| Description | Amount |
|---|---|
| | |
| | |
| | |
| | |
| | |
| | |
| | |
| | |
| | |
| | |
| | |
| Total | |

## Thursday

| Description | Amount |
|---|---|
| | |
| | |
| | |
| | |
| | |
| | |
| | |
| | |
| | |
| | |
| | |
| Total | |

# Weekly Expenses

## Friday

| Description | Amount |
| --- | --- |
| | |
| | |
| | |
| | |
| | |
| | |
| | |
| | |
| | |
| | |
| | |
| Total | |

## Saturday

| Description | Amount |
| --- | --- |
| | |
| | |
| | |
| | |
| | |
| | |
| | |
| | |
| | |
| | |
| | |
| Total | |

## Sunday

| Description | Amount |
| --- | --- |
| | |
| | |
| | |
| | |
| | |
| | |
| | |
| | |
| | |
| | |
| | |
| Total | |

Notes: ______________________

# Weekly Expenses

Month:________ Week:________ Budget: ________

## Monday

| Description | Amount |
|---|---|
| | |
| | |
| | |
| | |
| | |
| | |
| | |
| | |
| | |
| | |
| | |
| Total | |

## Tuesday

| Description | Amount |
|---|---|
| | |
| | |
| | |
| | |
| | |
| | |
| | |
| | |
| | |
| | |
| | |
| Total | |

## Wednesday

| Description | Amount |
|---|---|
| | |
| | |
| | |
| | |
| | |
| | |
| | |
| | |
| | |
| | |
| | |
| Total | |

## Thursday

| Description | Amount |
|---|---|
| | |
| | |
| | |
| | |
| | |
| | |
| | |
| | |
| | |
| | |
| | |
| Total | |

# Weekly Expenses

## Friday

| Description | Amount |
| --- | --- |
| | |
| | |
| | |
| | |
| | |
| | |
| | |
| | |
| | |
| | |
| | |
| Total | |

## Saturday

| Description | Amount |
| --- | --- |
| | |
| | |
| | |
| | |
| | |
| | |
| | |
| | |
| | |
| | |
| | |
| Total | |

## Sunday

| Description | Amount |
| --- | --- |
| | |
| | |
| | |
| | |
| | |
| | |
| | |
| | |
| | |
| | |
| | |
| Total | |

Notes: ____________________

# Weekly Expenses

Month:__________ Week:__________ Budget: __________

## Monday

| Description | Amount |
|---|---|
| | |
| | |
| | |
| | |
| | |
| | |
| | |
| | |
| | |
| | |
| | |
| Total | |

## Tuesday

| Description | Amount |
|---|---|
| | |
| | |
| | |
| | |
| | |
| | |
| | |
| | |
| | |
| | |
| | |
| Total | |

## Wednesday

| Description | Amount |
|---|---|
| | |
| | |
| | |
| | |
| | |
| | |
| | |
| | |
| | |
| | |
| | |
| Total | |

## Thursday

| Description | Amount |
|---|---|
| | |
| | |
| | |
| | |
| | |
| | |
| | |
| | |
| | |
| | |
| | |
| Total | |

# Weekly Expenses

## Friday

| Description | Amount |
|---|---|
| | |
| | |
| | |
| | |
| | |
| | |
| | |
| | |
| | |
| | |
| | |
| Total | |

## Saturday

| Description | Amount |
|---|---|
| | |
| | |
| | |
| | |
| | |
| | |
| | |
| | |
| | |
| | |
| | |
| Total | |

## Sunday

| Description | Amount |
|---|---|
| | |
| | |
| | |
| | |
| | |
| | |
| | |
| | |
| | |
| | |
| | |
| Total | |

**Notes:**

# Weekly Expenses

Month:________ Week:________ Budget: ________

## Monday

| Description | Amount |
|---|---|
| | |
| | |
| | |
| | |
| | |
| | |
| | |
| | |
| | |
| | |
| | |
| Total | |

## Tuesday

| Description | Amount |
|---|---|
| | |
| | |
| | |
| | |
| | |
| | |
| | |
| | |
| | |
| | |
| | |
| Total | |

## Wednesday

| Description | Amount |
|---|---|
| | |
| | |
| | |
| | |
| | |
| | |
| | |
| | |
| | |
| | |
| | |
| Total | |

## Thursday

| Description | Amount |
|---|---|
| | |
| | |
| | |
| | |
| | |
| | |
| | |
| | |
| | |
| | |
| | |
| Total | |

# Weekly Expenses

## Friday

| Description | Amount |
|---|---|
| | |
| | |
| | |
| | |
| | |
| | |
| | |
| | |
| | |
| | |
| | |
| Total | |

## Saturday

| Description | Amount |
|---|---|
| | |
| | |
| | |
| | |
| | |
| | |
| | |
| | |
| | |
| | |
| | |
| Total | |

## Sunday

| Description | Amount |
|---|---|
| | |
| | |
| | |
| | |
| | |
| | |
| | |
| | |
| | |
| | |
| | |
| Total | |

**Notes:**

# Monthly Budget

Month:________________ Budget:______________

| Income | Amount |
|---|---|
| Income 1: | |
| Income 2: | |
| Other income: | |
| Total | |

| Bill To Be Paid | Date Due | Amount | Paid |
|---|---|---|---|
| | | | |
| | | | |
| | | | |
| | | | |
| | | | |
| | | | |
| | | | |
| | | | |
| | | | |
| | | | |
| | | | |
| | | | |
| | | | |
| | | | |
| | | | |
| | | | |
| | | | |
| | | | |
| | | | |
| | | | |
| | | | |
| | | | |
| | | | |
| | | | |
| | Total | | |

# Monthly Budget

| Other Expenses | Date | Amount |
|---|---|---|
| | | |
| | | |
| | | |
| | | |
| | | |
| | | |
| | | |
| | | |
| | | |
| | | |
| | | |
| | | |
| | | |
| | | |
| | | |
| | | |
| | | |
| | | |
| | | |
| | | |
| | | |
| Total | | |

| Total Income | Total Expenses | Difference |
|---|---|---|
| | | |

Notes: ______________________________________________

# Weekly Expenses

Month:__________ Week:_________ Budget: _________

## Monday

| Description | Amount |
|---|---|
| | |
| | |
| | |
| | |
| | |
| | |
| | |
| | |
| | |
| | |
| | |
| Total | |

## Tuesday

| Description | Amount |
|---|---|
| | |
| | |
| | |
| | |
| | |
| | |
| | |
| | |
| | |
| | |
| | |
| Total | |

## Wednesday

| Description | Amount |
|---|---|
| | |
| | |
| | |
| | |
| | |
| | |
| | |
| | |
| | |
| | |
| | |
| Total | |

## Thursday

| Description | Amount |
|---|---|
| | |
| | |
| | |
| | |
| | |
| | |
| | |
| | |
| | |
| | |
| | |
| Total | |

# Weekly Expenses

## Friday

| Description | Amount |
|---|---|
| | |
| | |
| | |
| | |
| | |
| | |
| | |
| | |
| | |
| | |
| | |
| Total | |

## Saturday

| Description | Amount |
|---|---|
| | |
| | |
| | |
| | |
| | |
| | |
| | |
| | |
| | |
| | |
| | |
| Total | |

## Sunday

| Description | Amount |
|---|---|
| | |
| | |
| | |
| | |
| | |
| | |
| | |
| | |
| | |
| | |
| | |
| Total | |

**Notes:**

# Weekly Expenses

Month:__________ Week:_________ Budget: _________

## Monday

| Description | Amount |
|---|---|
| | |
| | |
| | |
| | |
| | |
| | |
| | |
| | |
| | |
| | |
| | |
| Total | |

## Tuesday

| Description | Amount |
|---|---|
| | |
| | |
| | |
| | |
| | |
| | |
| | |
| | |
| | |
| | |
| | |
| Total | |

## Wednesday

| Description | Amount |
|---|---|
| | |
| | |
| | |
| | |
| | |
| | |
| | |
| | |
| | |
| | |
| | |
| Total | |

## Thursday

| Description | Amount |
|---|---|
| | |
| | |
| | |
| | |
| | |
| | |
| | |
| | |
| | |
| | |
| | |
| Total | |

# Weekly Expenses

## Friday

| Description | Amount |
|---|---|
| | |
| | |
| | |
| | |
| | |
| | |
| | |
| | |
| | |
| | |
| | |
| Total | |

## Saturday

| Description | Amount |
|---|---|
| | |
| | |
| | |
| | |
| | |
| | |
| | |
| | |
| | |
| | |
| | |
| Total | |

## Sunday

| Description | Amount |
|---|---|
| | |
| | |
| | |
| | |
| | |
| | |
| | |
| | |
| | |
| | |
| | |
| Total | |

**Notes:**

# Weekly Expenses

Month:__________ Week:_________ Budget: _________

## Monday

| Description | Amount |
|---|---|
| | |
| | |
| | |
| | |
| | |
| | |
| | |
| | |
| | |
| | |
| | |
| Total | |

## Tuesday

| Description | Amount |
|---|---|
| | |
| | |
| | |
| | |
| | |
| | |
| | |
| | |
| | |
| | |
| | |
| Total | |

## Wednesday

| Description | Amount |
|---|---|
| | |
| | |
| | |
| | |
| | |
| | |
| | |
| | |
| | |
| | |
| | |
| Total | |

## Thursday

| Description | Amount |
|---|---|
| | |
| | |
| | |
| | |
| | |
| | |
| | |
| | |
| | |
| | |
| | |
| Total | |

# Weekly Expenses

## Friday

| Description | Amount |
|---|---|
| | |
| | |
| | |
| | |
| | |
| | |
| | |
| | |
| | |
| | |
| | |
| Total | |

## Saturday

| Description | Amount |
|---|---|
| | |
| | |
| | |
| | |
| | |
| | |
| | |
| | |
| | |
| | |
| | |
| Total | |

## Sunday

| Description | Amount |
|---|---|
| | |
| | |
| | |
| | |
| | |
| | |
| | |
| | |
| | |
| | |
| | |
| Total | |

Notes:

# Weekly Expenses

Month:__________ Week:_________ Budget: _________

## Monday

| Description | Amount |
|---|---|
| | |
| | |
| | |
| | |
| | |
| | |
| | |
| | |
| | |
| | |
| | |
| Total | |

## Tuesday

| Description | Amount |
|---|---|
| | |
| | |
| | |
| | |
| | |
| | |
| | |
| | |
| | |
| | |
| | |
| Total | |

## Wednesday

| Description | Amount |
|---|---|
| | |
| | |
| | |
| | |
| | |
| | |
| | |
| | |
| | |
| | |
| | |
| Total | |

## Thursday

| Description | Amount |
|---|---|
| | |
| | |
| | |
| | |
| | |
| | |
| | |
| | |
| | |
| | |
| | |
| Total | |

# Weekly Expenses

## Friday

| Description | Amount |
| --- | --- |
| | |
| | |
| | |
| | |
| | |
| | |
| | |
| | |
| | |
| | |
| | |
| Total | |

## Saturday

| Description | Amount |
| --- | --- |
| | |
| | |
| | |
| | |
| | |
| | |
| | |
| | |
| | |
| | |
| | |
| Total | |

## Sunday

| Description | Amount |
| --- | --- |
| | |
| | |
| | |
| | |
| | |
| | |
| | |
| | |
| | |
| | |
| | |
| Total | |

Notes:

# Monthly Budget

Month:________________ Budget:______________

| Income | | Amount |
|---|---|---|
| Income 1: | | |
| Income 2: | | |
| Other income: | | |
| | Total | |

| Bill To Be Paid | Date Due | Amount | Paid |
|---|---|---|---|
| | | | |
| | | | |
| | | | |
| | | | |
| | | | |
| | | | |
| | | | |
| | | | |
| | | | |
| | | | |
| | | | |
| | | | |
| | | | |
| | | | |
| | | | |
| | | | |
| | | | |
| | | | |
| | | | |
| | | | |
| | | | |
| | | | |
| | | | |
| | | | |
| | Total | | |

# Monthly Budget

| Other Expenses | Date | Amount |
|---|---|---|
| | | |
| | | |
| | | |
| | | |
| | | |
| | | |
| | | |
| | | |
| | | |
| | | |
| | | |
| | | |
| | | |
| | | |
| | | |
| | | |
| | | |
| | | |
| | | |
| | | |
| | | |
| Total | | |

| Total Income | Total Expenses | Difference |
|---|---|---|
| | | |

Notes: ______________________________

______________________________

______________________________

______________________________

______________________________

______________________________

# Weekly Expenses

Month:__________ Week:__________ Budget: __________

## Monday

| Description | Amount |
|---|---|
| | |
| | |
| | |
| | |
| | |
| | |
| | |
| | |
| | |
| | |
| | |
| Total | |

## Tuesday

| Description | Amount |
|---|---|
| | |
| | |
| | |
| | |
| | |
| | |
| | |
| | |
| | |
| | |
| | |
| Total | |

## Wednesday

| Description | Amount |
|---|---|
| | |
| | |
| | |
| | |
| | |
| | |
| | |
| | |
| | |
| | |
| | |
| Total | |

## Thursday

| Description | Amount |
|---|---|
| | |
| | |
| | |
| | |
| | |
| | |
| | |
| | |
| | |
| | |
| | |
| Total | |

# Weekly Expenses

## Friday

| Description | Amount |
|---|---|
| | |
| | |
| | |
| | |
| | |
| | |
| | |
| | |
| | |
| | |
| | |
| Total | |

## Saturday

| Description | Amount |
|---|---|
| | |
| | |
| | |
| | |
| | |
| | |
| | |
| | |
| | |
| | |
| | |
| Total | |

## Sunday

| Description | Amount |
|---|---|
| | |
| | |
| | |
| | |
| | |
| | |
| | |
| | |
| | |
| | |
| | |
| Total | |

**Notes:** ______________________________

# Weekly Expenses

Month:__________ Week:__________ Budget: __________

## Monday

| Description | Amount |
|---|---|
| | |
| | |
| | |
| | |
| | |
| | |
| | |
| | |
| | |
| | |
| | |
| Total | |

## Tuesday

| Description | Amount |
|---|---|
| | |
| | |
| | |
| | |
| | |
| | |
| | |
| | |
| | |
| | |
| | |
| Total | |

## Wednesday

| Description | Amount |
|---|---|
| | |
| | |
| | |
| | |
| | |
| | |
| | |
| | |
| | |
| | |
| | |
| Total | |

## Thursday

| Description | Amount |
|---|---|
| | |
| | |
| | |
| | |
| | |
| | |
| | |
| | |
| | |
| | |
| | |
| Total | |

# Weekly Expenses

## Friday

| Description | Amount |
| --- | --- |
| | |
| | |
| | |
| | |
| | |
| | |
| | |
| | |
| | |
| | |
| | |
| Total | |

## Saturday

| Description | Amount |
| --- | --- |
| | |
| | |
| | |
| | |
| | |
| | |
| | |
| | |
| | |
| | |
| | |
| Total | |

## Sunday

| Description | Amount |
| --- | --- |
| | |
| | |
| | |
| | |
| | |
| | |
| | |
| | |
| | |
| | |
| | |
| Total | |

**Notes:** ______________________

# Weekly Expenses

Month:__________ Week:_________ Budget: _________

## Monday

| Description | Amount |
| --- | --- |
| | |
| | |
| | |
| | |
| | |
| | |
| | |
| | |
| | |
| | |
| | |
| Total | |

## Tuesday

| Description | Amount |
| --- | --- |
| | |
| | |
| | |
| | |
| | |
| | |
| | |
| | |
| | |
| | |
| | |
| Total | |

## Wednesday

| Description | Amount |
| --- | --- |
| | |
| | |
| | |
| | |
| | |
| | |
| | |
| | |
| | |
| | |
| | |
| Total | |

## Thursday

| Description | Amount |
| --- | --- |
| | |
| | |
| | |
| | |
| | |
| | |
| | |
| | |
| | |
| | |
| | |
| Total | |

# Weekly Expenses

## Friday

| Description | Amount |
| --- | --- |
| | |
| | |
| | |
| | |
| | |
| | |
| | |
| | |
| | |
| | |
| | |
| Total | |

## Saturday

| Description | Amount |
| --- | --- |
| | |
| | |
| | |
| | |
| | |
| | |
| | |
| | |
| | |
| | |
| | |
| Total | |

## Sunday

| Description | Amount |
| --- | --- |
| | |
| | |
| | |
| | |
| | |
| | |
| | |
| | |
| | |
| | |
| | |
| Total | |

**Notes:** ______________________

# Weekly Expenses

Month:__________ Week:_________ Budget: _________

## Monday

| Description | Amount |
|---|---|
| | |
| | |
| | |
| | |
| | |
| | |
| | |
| | |
| | |
| | |
| | |
| Total | |

## Tuesday

| Description | Amount |
|---|---|
| | |
| | |
| | |
| | |
| | |
| | |
| | |
| | |
| | |
| | |
| | |
| Total | |

## Wednesday

| Description | Amount |
|---|---|
| | |
| | |
| | |
| | |
| | |
| | |
| | |
| | |
| | |
| | |
| | |
| Total | |

## Thursday

| Description | Amount |
|---|---|
| | |
| | |
| | |
| | |
| | |
| | |
| | |
| | |
| | |
| | |
| | |
| Total | |

# Weekly Expenses

## Friday

| Description | Amount |
|---|---|
| | |
| | |
| | |
| | |
| | |
| | |
| | |
| | |
| | |
| | |
| | |
| Total | |

## Saturday

| Description | Amount |
|---|---|
| | |
| | |
| | |
| | |
| | |
| | |
| | |
| | |
| | |
| | |
| | |
| Total | |

## Sunday

| Description | Amount |
|---|---|
| | |
| | |
| | |
| | |
| | |
| | |
| | |
| | |
| | |
| | |
| | |
| Total | |

**Notes:**

# Monthly Budget

Month:______________ Budget:____________

| Income | | Amount |
|---|---|---|
| Income 1: | | |
| Income 2: | | |
| Other income: | | |
| | Total | |

| Bill To Be Paid | Date Due | Amount | Paid |
|---|---|---|---|
| | | | |
| | | | |
| | | | |
| | | | |
| | | | |
| | | | |
| | | | |
| | | | |
| | | | |
| | | | |
| | | | |
| | | | |
| | | | |
| | | | |
| | | | |
| | | | |
| | | | |
| | | | |
| | | | |
| | | | |
| | | | |
| | | | |
| | | | |
| | | | |
| | Total | | |

# Monthly Budget

| Other Expenses | Date | Amount |
|---|---|---|
| | | |
| | | |
| | | |
| | | |
| | | |
| | | |
| | | |
| | | |
| | | |
| | | |
| | | |
| | | |
| | | |
| | | |
| | | |
| | | |
| | | |
| | | |
| | | |
| | | |
| | | |
| Total | | |

| Total Income | Total Expenses | Difference |
|---|---|---|
| | | |

Notes: ______________________________________________

_____________________________________________________

_____________________________________________________

_____________________________________________________

_____________________________________________________

_____________________________________________________

# Weekly Expenses

Month:__________ Week:__________ Budget: __________

## Monday

| Description | Amount |
|---|---|
| | |
| | |
| | |
| | |
| | |
| | |
| | |
| | |
| | |
| | |
| | |
| Total | |

## Tuesday

| Description | Amount |
|---|---|
| | |
| | |
| | |
| | |
| | |
| | |
| | |
| | |
| | |
| | |
| | |
| Total | |

## Wednesday

| Description | Amount |
|---|---|
| | |
| | |
| | |
| | |
| | |
| | |
| | |
| | |
| | |
| | |
| | |
| Total | |

## Thursday

| Description | Amount |
|---|---|
| | |
| | |
| | |
| | |
| | |
| | |
| | |
| | |
| | |
| | |
| | |
| Total | |

# Weekly Expenses

## Friday

| Description | Amount |
|---|---|
| | |
| | |
| | |
| | |
| | |
| | |
| | |
| | |
| | |
| | |
| | |
| Total | |

## Saturday

| Description | Amount |
|---|---|
| | |
| | |
| | |
| | |
| | |
| | |
| | |
| | |
| | |
| | |
| | |
| Total | |

## Sunday

| Description | Amount |
|---|---|
| | |
| | |
| | |
| | |
| | |
| | |
| | |
| | |
| | |
| | |
| | |
| Total | |

Notes:

# Weekly Expenses

Month:__________ Week:__________ Budget: __________

## Monday

| Description | Amount |
|---|---|
| | |
| | |
| | |
| | |
| | |
| | |
| | |
| | |
| | |
| | |
| | |
| Total | |

## Tuesday

| Description | Amount |
|---|---|
| | |
| | |
| | |
| | |
| | |
| | |
| | |
| | |
| | |
| | |
| | |
| Total | |

## Wednesday

| Description | Amount |
|---|---|
| | |
| | |
| | |
| | |
| | |
| | |
| | |
| | |
| | |
| | |
| | |
| Total | |

## Thursday

| Description | Amount |
|---|---|
| | |
| | |
| | |
| | |
| | |
| | |
| | |
| | |
| | |
| | |
| | |
| Total | |

# Weekly Expenses

## Friday

| Description | Amount |
|---|---|
| | |
| | |
| | |
| | |
| | |
| | |
| | |
| | |
| | |
| | |
| | |
| Total | |

## Saturday

| Description | Amount |
|---|---|
| | |
| | |
| | |
| | |
| | |
| | |
| | |
| | |
| | |
| | |
| | |
| Total | |

## Sunday

| Description | Amount |
|---|---|
| | |
| | |
| | |
| | |
| | |
| | |
| | |
| | |
| | |
| | |
| | |
| Total | |

**Notes:**

# Weekly Expenses

Month:__________ Week:__________ Budget: __________

## Monday

| Description | Amount |
|---|---|
| | |
| | |
| | |
| | |
| | |
| | |
| | |
| | |
| | |
| | |
| | |
| Total | |

## Tuesday

| Description | Amount |
|---|---|
| | |
| | |
| | |
| | |
| | |
| | |
| | |
| | |
| | |
| | |
| | |
| Total | |

## Wednesday

| Description | Amount |
|---|---|
| | |
| | |
| | |
| | |
| | |
| | |
| | |
| | |
| | |
| | |
| | |
| Total | |

## Thursday

| Description | Amount |
|---|---|
| | |
| | |
| | |
| | |
| | |
| | |
| | |
| | |
| | |
| | |
| | |
| Total | |

# Weekly Expenses

## Friday

| Description | Amount |
|---|---|
| | |
| | |
| | |
| | |
| | |
| | |
| | |
| | |
| | |
| | |
| | |
| Total | |

## Saturday

| Description | Amount |
|---|---|
| | |
| | |
| | |
| | |
| | |
| | |
| | |
| | |
| | |
| | |
| | |
| Total | |

## Sunday

| Description | Amount |
|---|---|
| | |
| | |
| | |
| | |
| | |
| | |
| | |
| | |
| | |
| | |
| | |
| Total | |

**Notes:**

# Weekly Expenses

Month:__________ Week:_________ Budget: _________

## Monday

| Description | Amount |
|---|---|
| | |
| | |
| | |
| | |
| | |
| | |
| | |
| | |
| | |
| | |
| | |
| Total | |

## Tuesday

| Description | Amount |
|---|---|
| | |
| | |
| | |
| | |
| | |
| | |
| | |
| | |
| | |
| | |
| | |
| Total | |

## Wednesday

| Description | Amount |
|---|---|
| | |
| | |
| | |
| | |
| | |
| | |
| | |
| | |
| | |
| | |
| | |
| Total | |

## Thursday

| Description | Amount |
|---|---|
| | |
| | |
| | |
| | |
| | |
| | |
| | |
| | |
| | |
| | |
| | |
| Total | |

# Weekly Expenses

## Friday

| Description | Amount |
| --- | --- |
| | |
| | |
| | |
| | |
| | |
| | |
| | |
| | |
| | |
| | |
| | |
| Total | |

## Saturday

| Description | Amount |
| --- | --- |
| | |
| | |
| | |
| | |
| | |
| | |
| | |
| | |
| | |
| | |
| | |
| Total | |

## Sunday

| Description | Amount |
| --- | --- |
| | |
| | |
| | |
| | |
| | |
| | |
| | |
| | |
| | |
| | |
| | |
| Total | |

**Notes:**

# Monthly Budget

Month:________________ Budget:_____________

| Income | | Amount |
|---|---|---|
| Income 1: | | |
| Income 2: | | |
| Other income: | | |
| | Total | |

| Bill To Be Paid | Date Due | Amount | Paid |
|---|---|---|---|
| | | | |
| | | | |
| | | | |
| | | | |
| | | | |
| | | | |
| | | | |
| | | | |
| | | | |
| | | | |
| | | | |
| | | | |
| | | | |
| | | | |
| | | | |
| | | | |
| | | | |
| | | | |
| | | | |
| | | | |
| | | | |
| | | | |
| | | | |
| | | | |
| | Total | | |

# Monthly Budget

| Other Expenses | Date | Amount |
|---|---|---|
| | | |
| | | |
| | | |
| | | |
| | | |
| | | |
| | | |
| | | |
| | | |
| | | |
| | | |
| | | |
| | | |
| | | |
| | | |
| | | |
| | | |
| | | |
| | | |
| | | |
| | | |
| Total | | |

| Total Income | Total Expenses | Difference |
|---|---|---|
| | | |

Notes:

# Weekly Expenses

Month:__________ Week:_________ Budget: _________

## Monday

| Description | Amount |
|---|---|
| | |
| | |
| | |
| | |
| | |
| | |
| | |
| | |
| | |
| | |
| | |
| Total | |

## Tuesday

| Description | Amount |
|---|---|
| | |
| | |
| | |
| | |
| | |
| | |
| | |
| | |
| | |
| | |
| | |
| Total | |

## Wednesday

| Description | Amount |
|---|---|
| | |
| | |
| | |
| | |
| | |
| | |
| | |
| | |
| | |
| | |
| | |
| Total | |

## Thursday

| Description | Amount |
|---|---|
| | |
| | |
| | |
| | |
| | |
| | |
| | |
| | |
| | |
| | |
| | |
| Total | |

# Weekly Expenses

## Friday

| Description | Amount |
|---|---|
| | |
| | |
| | |
| | |
| | |
| | |
| | |
| | |
| | |
| | |
| | |
| Total | |

## Saturday

| Description | Amount |
|---|---|
| | |
| | |
| | |
| | |
| | |
| | |
| | |
| | |
| | |
| | |
| | |
| Total | |

## Sunday

| Description | Amount |
|---|---|
| | |
| | |
| | |
| | |
| | |
| | |
| | |
| | |
| | |
| | |
| | |
| Total | |

Notes:

# Weekly Expenses

Month:_________ Week:_________ Budget: _________

## Monday

| Description | Amount |
|---|---|
| | |
| | |
| | |
| | |
| | |
| | |
| | |
| | |
| | |
| | |
| | |
| Total | |

## Tuesday

| Description | Amount |
|---|---|
| | |
| | |
| | |
| | |
| | |
| | |
| | |
| | |
| | |
| | |
| | |
| Total | |

## Wednesday

| Description | Amount |
|---|---|
| | |
| | |
| | |
| | |
| | |
| | |
| | |
| | |
| | |
| | |
| | |
| Total | |

## Thursday

| Description | Amount |
|---|---|
| | |
| | |
| | |
| | |
| | |
| | |
| | |
| | |
| | |
| | |
| | |
| Total | |

# Weekly Expenses

## Friday

| Description | Amount |
|---|---|
| | |
| | |
| | |
| | |
| | |
| | |
| | |
| | |
| | |
| | |
| | |
| Total | |

## Saturday

| Description | Amount |
|---|---|
| | |
| | |
| | |
| | |
| | |
| | |
| | |
| | |
| | |
| | |
| | |
| Total | |

## Sunday

| Description | Amount |
|---|---|
| | |
| | |
| | |
| | |
| | |
| | |
| | |
| | |
| | |
| | |
| | |
| Total | |

Notes: ____________________

# Weekly Expenses

Month:__________ Week:__________ Budget: __________

## Monday

| Description | Amount |
|---|---|
| | |
| | |
| | |
| | |
| | |
| | |
| | |
| | |
| | |
| | |
| | |
| Total | |

## Tuesday

| Description | Amount |
|---|---|
| | |
| | |
| | |
| | |
| | |
| | |
| | |
| | |
| | |
| | |
| | |
| Total | |

## Wednesday

| Description | Amount |
|---|---|
| | |
| | |
| | |
| | |
| | |
| | |
| | |
| | |
| | |
| | |
| | |
| Total | |

## Thursday

| Description | Amount |
|---|---|
| | |
| | |
| | |
| | |
| | |
| | |
| | |
| | |
| | |
| | |
| | |
| Total | |

# Weekly Expenses

## Friday

| Description | Amount |
|---|---|
| | |
| | |
| | |
| | |
| | |
| | |
| | |
| | |
| | |
| | |
| | |
| Total | |

## Saturday

| Description | Amount |
|---|---|
| | |
| | |
| | |
| | |
| | |
| | |
| | |
| | |
| | |
| | |
| | |
| Total | |

## Sunday

| Description | Amount |
|---|---|
| | |
| | |
| | |
| | |
| | |
| | |
| | |
| | |
| | |
| | |
| | |
| Total | |

**Notes:** ______________________________

# Weekly Expenses

Month:__________ Week:__________ Budget: __________

## Monday

| Description | Amount |
|---|---|
| | |
| | |
| | |
| | |
| | |
| | |
| | |
| | |
| | |
| | |
| | |
| Total | |

## Tuesday

| Description | Amount |
|---|---|
| | |
| | |
| | |
| | |
| | |
| | |
| | |
| | |
| | |
| | |
| | |
| Total | |

## Wednesday

| Description | Amount |
|---|---|
| | |
| | |
| | |
| | |
| | |
| | |
| | |
| | |
| | |
| | |
| | |
| Total | |

## Thursday

| Description | Amount |
|---|---|
| | |
| | |
| | |
| | |
| | |
| | |
| | |
| | |
| | |
| | |
| | |
| Total | |

# Weekly Expenses

## Friday

| Description | Amount |
|---|---|
| | |
| | |
| | |
| | |
| | |
| | |
| | |
| | |
| | |
| | |
| | |
| Total | |

## Saturday

| Description | Amount |
|---|---|
| | |
| | |
| | |
| | |
| | |
| | |
| | |
| | |
| | |
| | |
| | |
| Total | |

## Sunday

| Description | Amount |
|---|---|
| | |
| | |
| | |
| | |
| | |
| | |
| | |
| | |
| | |
| | |
| | |
| Total | |

Notes:

# Monthly Budget

Month:______________ Budget:____________

| Income | | Amount |
|---|---|---|
| Income 1: | | |
| Income 2: | | |
| Other income: | | |
| | Total | |

| Bill To Be Paid | Date Due | Amount | Paid |
|---|---|---|---|
| | | | |
| | | | |
| | | | |
| | | | |
| | | | |
| | | | |
| | | | |
| | | | |
| | | | |
| | | | |
| | | | |
| | | | |
| | | | |
| | | | |
| | | | |
| | | | |
| | | | |
| | | | |
| | | | |
| | | | |
| | | | |
| | | | |
| | | | |
| | | | |
| | Total | | |

# Monthly Budget

| Other Expenses | Date | Amount |
|---|---|---|
| | | |
| | | |
| | | |
| | | |
| | | |
| | | |
| | | |
| | | |
| | | |
| | | |
| | | |
| | | |
| | | |
| | | |
| | | |
| | | |
| | | |
| | | |
| | | |
| | | |
| | | |
| Total | | |

| Total Income | Total Expenses | Difference |
|---|---|---|
| | | |

Notes:

# Weekly Expenses

Month:_________ Week:_________ Budget: _________

## Monday

| Description | Amount |
|---|---|
| | |
| | |
| | |
| | |
| | |
| | |
| | |
| | |
| | |
| | |
| | |
| Total | |

## Tuesday

| Description | Amount |
|---|---|
| | |
| | |
| | |
| | |
| | |
| | |
| | |
| | |
| | |
| | |
| | |
| Total | |

## Wednesday

| Description | Amount |
|---|---|
| | |
| | |
| | |
| | |
| | |
| | |
| | |
| | |
| | |
| | |
| | |
| Total | |

## Thursday

| Description | Amount |
|---|---|
| | |
| | |
| | |
| | |
| | |
| | |
| | |
| | |
| | |
| | |
| | |
| Total | |

# Weekly Expenses

## Friday

| Description | Amount |
|---|---|
| | |
| | |
| | |
| | |
| | |
| | |
| | |
| | |
| | |
| | |
| | |
| Total | |

## Saturday

| Description | Amount |
|---|---|
| | |
| | |
| | |
| | |
| | |
| | |
| | |
| | |
| | |
| | |
| | |
| Total | |

## Sunday

| Description | Amount |
|---|---|
| | |
| | |
| | |
| | |
| | |
| | |
| | |
| | |
| | |
| | |
| | |
| Total | |

**Notes:**

# Weekly Expenses

Month:________ Week:________ Budget: ________

## Monday

| Description | Amount |
|---|---|
| | |
| | |
| | |
| | |
| | |
| | |
| | |
| | |
| | |
| | |
| | |
| Total | |

## Tuesday

| Description | Amount |
|---|---|
| | |
| | |
| | |
| | |
| | |
| | |
| | |
| | |
| | |
| | |
| | |
| Total | |

## Wednesday

| Description | Amount |
|---|---|
| | |
| | |
| | |
| | |
| | |
| | |
| | |
| | |
| | |
| | |
| | |
| Total | |

## Thursday

| Description | Amount |
|---|---|
| | |
| | |
| | |
| | |
| | |
| | |
| | |
| | |
| | |
| | |
| | |
| Total | |

# Weekly Expenses

## Friday

| Description | Amount |
|---|---|
| | |
| | |
| | |
| | |
| | |
| | |
| | |
| | |
| | |
| | |
| | |
| Total | |

## Saturday

| Description | Amount |
|---|---|
| | |
| | |
| | |
| | |
| | |
| | |
| | |
| | |
| | |
| | |
| | |
| Total | |

## Sunday

| Description | Amount |
|---|---|
| | |
| | |
| | |
| | |
| | |
| | |
| | |
| | |
| | |
| | |
| | |
| Total | |

**Notes:**

# Weekly Expenses

Month:_________ Week:_________ Budget: _________

## Monday

| Description | Amount |
| --- | --- |
| | |
| | |
| | |
| | |
| | |
| | |
| | |
| | |
| | |
| | |
| | |
| Total | |

## Tuesday

| Description | Amount |
| --- | --- |
| | |
| | |
| | |
| | |
| | |
| | |
| | |
| | |
| | |
| | |
| | |
| Total | |

## Wednesday

| Description | Amount |
| --- | --- |
| | |
| | |
| | |
| | |
| | |
| | |
| | |
| | |
| | |
| | |
| | |
| Total | |

## Thursday

| Description | Amount |
| --- | --- |
| | |
| | |
| | |
| | |
| | |
| | |
| | |
| | |
| | |
| | |
| | |
| Total | |

# Weekly Expenses

## Friday

| Description | Amount |
|---|---|
| | |
| | |
| | |
| | |
| | |
| | |
| | |
| | |
| | |
| | |
| | |
| Total | |

## Saturday

| Description | Amount |
|---|---|
| | |
| | |
| | |
| | |
| | |
| | |
| | |
| | |
| | |
| | |
| | |
| Total | |

## Sunday

| Description | Amount |
|---|---|
| | |
| | |
| | |
| | |
| | |
| | |
| | |
| | |
| | |
| | |
| | |
| Total | |

**Notes:**

# Weekly Expenses

Month:__________ Week:_________ Budget: _________

## Monday

| Description | Amount |
| --- | --- |
| | |
| | |
| | |
| | |
| | |
| | |
| | |
| | |
| | |
| | |
| | |
| Total | |

## Tuesday

| Description | Amount |
| --- | --- |
| | |
| | |
| | |
| | |
| | |
| | |
| | |
| | |
| | |
| | |
| | |
| Total | |

## Wednesday

| Description | Amount |
| --- | --- |
| | |
| | |
| | |
| | |
| | |
| | |
| | |
| | |
| | |
| | |
| | |
| Total | |

## Thursday

| Description | Amount |
| --- | --- |
| | |
| | |
| | |
| | |
| | |
| | |
| | |
| | |
| | |
| | |
| | |
| Total | |

# Weekly Expenses

## Friday

| Description | Amount |
|---|---|
| | |
| | |
| | |
| | |
| | |
| | |
| | |
| | |
| | |
| | |
| | |
| Total | |

## Saturday

| Description | Amount |
|---|---|
| | |
| | |
| | |
| | |
| | |
| | |
| | |
| | |
| | |
| | |
| | |
| Total | |

## Sunday

| Description | Amount |
|---|---|
| | |
| | |
| | |
| | |
| | |
| | |
| | |
| | |
| | |
| | |
| | |
| Total | |

**Notes:**

# Monthly Budget

Month:________________ Budget:_____________

| Income | | Amount |
|---|---|---|
| Income 1: | | |
| Income 2: | | |
| Other income: | | |
| | Total | |

| Bill To Be Paid | Date Due | Amount | Paid |
|---|---|---|---|
| | | | |
| | | | |
| | | | |
| | | | |
| | | | |
| | | | |
| | | | |
| | | | |
| | | | |
| | | | |
| | | | |
| | | | |
| | | | |
| | | | |
| | | | |
| | | | |
| | | | |
| | | | |
| | | | |
| | | | |
| | | | |
| | | | |
| | | | |
| | | | |
| | Total | | |

# Monthly Budget

| Other Expenses | Date | Amount |
|---|---|---|
| | | |
| | | |
| | | |
| | | |
| | | |
| | | |
| | | |
| | | |
| | | |
| | | |
| | | |
| | | |
| | | |
| | | |
| | | |
| | | |
| | | |
| | | |
| | | |
| | | |
| | | |
| Total | | |

| Total Income | Total Expenses | Difference |
|---|---|---|
| | | |

Notes: ______________________________

# Weekly Expenses

Month:__________ Week:__________ Budget: __________

## Monday

| Description | Amount |
| --- | --- |
| | |
| | |
| | |
| | |
| | |
| | |
| | |
| | |
| | |
| | |
| | |
| Total | |

## Tuesday

| Description | Amount |
| --- | --- |
| | |
| | |
| | |
| | |
| | |
| | |
| | |
| | |
| | |
| | |
| | |
| Total | |

## Wednesday

| Description | Amount |
| --- | --- |
| | |
| | |
| | |
| | |
| | |
| | |
| | |
| | |
| | |
| | |
| | |
| Total | |

## Thursday

| Description | Amount |
| --- | --- |
| | |
| | |
| | |
| | |
| | |
| | |
| | |
| | |
| | |
| | |
| | |
| Total | |

# Weekly Expenses

## Friday

| Description | Amount |
|---|---|
| | |
| | |
| | |
| | |
| | |
| | |
| | |
| | |
| | |
| | |
| | |
| Total | |

## Saturday

| Description | Amount |
|---|---|
| | |
| | |
| | |
| | |
| | |
| | |
| | |
| | |
| | |
| | |
| | |
| Total | |

## Sunday

| Description | Amount |
|---|---|
| | |
| | |
| | |
| | |
| | |
| | |
| | |
| | |
| | |
| | |
| | |
| Total | |

Notes: ______________________________

# Weekly Expenses

Month:_________ Week:________ Budget: ________

## Monday

| Description | Amount |
|---|---|
| | |
| | |
| | |
| | |
| | |
| | |
| | |
| | |
| | |
| | |
| | |
| Total | |

## Tuesday

| Description | Amount |
|---|---|
| | |
| | |
| | |
| | |
| | |
| | |
| | |
| | |
| | |
| | |
| | |
| Total | |

## Wednesday

| Description | Amount |
|---|---|
| | |
| | |
| | |
| | |
| | |
| | |
| | |
| | |
| | |
| | |
| | |
| Total | |

## Thursday

| Description | Amount |
|---|---|
| | |
| | |
| | |
| | |
| | |
| | |
| | |
| | |
| | |
| | |
| | |
| Total | |

# Weekly Expenses

## Friday

| Description | Amount |
|---|---|
| | |
| | |
| | |
| | |
| | |
| | |
| | |
| | |
| | |
| | |
| | |
| Total | |

## Saturday

| Description | Amount |
|---|---|
| | |
| | |
| | |
| | |
| | |
| | |
| | |
| | |
| | |
| | |
| | |
| Total | |

## Sunday

| Description | Amount |
|---|---|
| | |
| | |
| | |
| | |
| | |
| | |
| | |
| | |
| | |
| | |
| | |
| Total | |

Notes:

# Weekly Expenses

Month:__________ Week:_________ Budget: _________

## Monday

| Description | Amount |
|---|---|
| | |
| | |
| | |
| | |
| | |
| | |
| | |
| | |
| | |
| | |
| | |
| Total | |

## Tuesday

| Description | Amount |
|---|---|
| | |
| | |
| | |
| | |
| | |
| | |
| | |
| | |
| | |
| | |
| | |
| Total | |

## Wednesday

| Description | Amount |
|---|---|
| | |
| | |
| | |
| | |
| | |
| | |
| | |
| | |
| | |
| | |
| | |
| Total | |

## Thursday

| Description | Amount |
|---|---|
| | |
| | |
| | |
| | |
| | |
| | |
| | |
| | |
| | |
| | |
| | |
| Total | |

# Weekly Expenses

## Friday

| Description | Amount |
|---|---|
| | |
| | |
| | |
| | |
| | |
| | |
| | |
| | |
| | |
| | |
| | |
| Total | |

## Saturday

| Description | Amount |
|---|---|
| | |
| | |
| | |
| | |
| | |
| | |
| | |
| | |
| | |
| | |
| | |
| Total | |

## Sunday

| Description | Amount |
|---|---|
| | |
| | |
| | |
| | |
| | |
| | |
| | |
| | |
| | |
| | |
| | |
| Total | |

Notes:

# Weekly Expenses

Month:__________ Week:_________ Budget: _________

## Monday

| Description | Amount |
|---|---|
| | |
| | |
| | |
| | |
| | |
| | |
| | |
| | |
| | |
| | |
| | |
| Total | |

## Tuesday

| Description | Amount |
|---|---|
| | |
| | |
| | |
| | |
| | |
| | |
| | |
| | |
| | |
| | |
| | |
| Total | |

## Wednesday

| Description | Amount |
|---|---|
| | |
| | |
| | |
| | |
| | |
| | |
| | |
| | |
| | |
| | |
| | |
| Total | |

## Thursday

| Description | Amount |
|---|---|
| | |
| | |
| | |
| | |
| | |
| | |
| | |
| | |
| | |
| | |
| | |
| Total | |

# Weekly Expenses

## Friday

| Description | Amount |
|---|---|
| | |
| | |
| | |
| | |
| | |
| | |
| | |
| | |
| | |
| | |
| | |
| Total | |

## Saturday

| Description | Amount |
|---|---|
| | |
| | |
| | |
| | |
| | |
| | |
| | |
| | |
| | |
| | |
| | |
| Total | |

## Sunday

| Description | Amount |
|---|---|
| | |
| | |
| | |
| | |
| | |
| | |
| | |
| | |
| | |
| | |
| | |
| Total | |

Notes: ______________________

# Monthly Budget

Month:________________ Budget:_____________

| Income | | Amount |
|---|---|---|
| Income 1: | | |
| Income 2: | | |
| Other income: | | |
| | Total | |

| Bill To Be Paid | Date Due | Amount | Paid |
|---|---|---|---|
| | | | |
| | | | |
| | | | |
| | | | |
| | | | |
| | | | |
| | | | |
| | | | |
| | | | |
| | | | |
| | | | |
| | | | |
| | | | |
| | | | |
| | | | |
| | | | |
| | | | |
| | | | |
| | | | |
| | | | |
| | | | |
| | | | |
| | Total | | |

# Monthly Budget

| Other Expenses | Date | Amount |
|---|---|---|
| | | |
| | | |
| | | |
| | | |
| | | |
| | | |
| | | |
| | | |
| | | |
| | | |
| | | |
| | | |
| | | |
| | | |
| | | |
| | | |
| | | |
| | | |
| | | |
| | | |
| | | |
| Total | | |

| Total Income | Total Expenses | Difference |
|---|---|---|
| | | |

Notes: ______________________________________

______________________________________

______________________________________

______________________________________

______________________________________

______________________________________

# Weekly Expenses

Month:________ Week:________ Budget: ________

## Monday

| Description | Amount |
|---|---|
| | |
| | |
| | |
| | |
| | |
| | |
| | |
| | |
| | |
| | |
| | |
| Total | |

## Tuesday

| Description | Amount |
|---|---|
| | |
| | |
| | |
| | |
| | |
| | |
| | |
| | |
| | |
| | |
| | |
| Total | |

## Wednesday

| Description | Amount |
|---|---|
| | |
| | |
| | |
| | |
| | |
| | |
| | |
| | |
| | |
| | |
| | |
| Total | |

## Thursday

| Description | Amount |
|---|---|
| | |
| | |
| | |
| | |
| | |
| | |
| | |
| | |
| | |
| | |
| | |
| Total | |

# Weekly Expenses

## Friday

| Description | Amount |
|---|---|
| | |
| | |
| | |
| | |
| | |
| | |
| | |
| | |
| | |
| | |
| | |
| Total | |

## Saturday

| Description | Amount |
|---|---|
| | |
| | |
| | |
| | |
| | |
| | |
| | |
| | |
| | |
| | |
| | |
| Total | |

## Sunday

| Description | Amount |
|---|---|
| | |
| | |
| | |
| | |
| | |
| | |
| | |
| | |
| | |
| | |
| | |
| Total | |

Notes: ______________________

# Weekly Expenses

Month:__________ Week:__________ Budget: __________

## Monday

| Description | Amount |
| --- | --- |
| | |
| | |
| | |
| | |
| | |
| | |
| | |
| | |
| | |
| | |
| | |
| Total | |

## Tuesday

| Description | Amount |
| --- | --- |
| | |
| | |
| | |
| | |
| | |
| | |
| | |
| | |
| | |
| | |
| | |
| Total | |

## Wednesday

| Description | Amount |
| --- | --- |
| | |
| | |
| | |
| | |
| | |
| | |
| | |
| | |
| | |
| | |
| | |
| Total | |

## Thursday

| Description | Amount |
| --- | --- |
| | |
| | |
| | |
| | |
| | |
| | |
| | |
| | |
| | |
| | |
| | |
| Total | |

# Weekly Expenses

## Friday

| Description | Amount |
| --- | --- |
| | |
| | |
| | |
| | |
| | |
| | |
| | |
| | |
| | |
| | |
| | |
| Total | |

## Saturday

| Description | Amount |
| --- | --- |
| | |
| | |
| | |
| | |
| | |
| | |
| | |
| | |
| | |
| | |
| | |
| Total | |

## Sunday

| Description | Amount |
| --- | --- |
| | |
| | |
| | |
| | |
| | |
| | |
| | |
| | |
| | |
| | |
| | |
| Total | |

**Notes:** ____________________

# Weekly Expenses

Month:__________ Week:__________ Budget: __________

## Monday

| Description | Amount |
|---|---|
| | |
| | |
| | |
| | |
| | |
| | |
| | |
| | |
| | |
| | |
| | |
| Total | |

## Tuesday

| Description | Amount |
|---|---|
| | |
| | |
| | |
| | |
| | |
| | |
| | |
| | |
| | |
| | |
| | |
| Total | |

## Wednesday

| Description | Amount |
|---|---|
| | |
| | |
| | |
| | |
| | |
| | |
| | |
| | |
| | |
| | |
| | |
| Total | |

## Thursday

| Description | Amount |
|---|---|
| | |
| | |
| | |
| | |
| | |
| | |
| | |
| | |
| | |
| | |
| | |
| Total | |

# Weekly Expenses

## Friday

| Description | Amount |
|---|---|
| | |
| | |
| | |
| | |
| | |
| | |
| | |
| | |
| | |
| | |
| | |
| Total | |

## Saturday

| Description | Amount |
|---|---|
| | |
| | |
| | |
| | |
| | |
| | |
| | |
| | |
| | |
| | |
| | |
| Total | |

## Sunday

| Description | Amount |
|---|---|
| | |
| | |
| | |
| | |
| | |
| | |
| | |
| | |
| | |
| | |
| | |
| Total | |

Notes:

# Weekly Expenses

Month:__________ Week:_________ Budget: _________

## Monday

| Description | Amount |
|---|---|
| | |
| | |
| | |
| | |
| | |
| | |
| | |
| | |
| | |
| | |
| | |
| Total | |

## Tuesday

| Description | Amount |
|---|---|
| | |
| | |
| | |
| | |
| | |
| | |
| | |
| | |
| | |
| | |
| | |
| Total | |

## Wednesday

| Description | Amount |
|---|---|
| | |
| | |
| | |
| | |
| | |
| | |
| | |
| | |
| | |
| | |
| | |
| Total | |

## Thursday

| Description | Amount |
|---|---|
| | |
| | |
| | |
| | |
| | |
| | |
| | |
| | |
| | |
| | |
| | |
| Total | |

# Weekly Expenses

## Friday

| Description | Amount |
|---|---|
| | |
| | |
| | |
| | |
| | |
| | |
| | |
| | |
| | |
| | |
| | |
| Total | |

## Saturday

| Description | Amount |
|---|---|
| | |
| | |
| | |
| | |
| | |
| | |
| | |
| | |
| | |
| | |
| | |
| Total | |

## Sunday

| Description | Amount |
|---|---|
| | |
| | |
| | |
| | |
| | |
| | |
| | |
| | |
| | |
| | |
| | |
| Total | |

**Notes:**

# Monthly Budget

Month:________________ Budget:______________

| Income | | Amount |
|---|---|---|
| Income 1: | | |
| Income 2: | | |
| Other income: | | |
| | Total | |

| Bill To Be Paid | Date Due | Amount | Paid |
|---|---|---|---|
| | | | |
| | | | |
| | | | |
| | | | |
| | | | |
| | | | |
| | | | |
| | | | |
| | | | |
| | | | |
| | | | |
| | | | |
| | | | |
| | | | |
| | | | |
| | | | |
| | | | |
| | | | |
| | | | |
| | | | |
| | | | |
| | | | |
| | | | |
| | | | |
| | Total | | |

# Monthly Budget

| Other Expenses | Date | Amount |
|---|---|---|
| | | |
| | | |
| | | |
| | | |
| | | |
| | | |
| | | |
| | | |
| | | |
| | | |
| | | |
| | | |
| | | |
| | | |
| | | |
| | | |
| | | |
| | | |
| | | |
| | | |
| | | |
| Total | | |

| Total Income | Total Expenses | Difference |
|---|---|---|
| | | |

Notes: ______________________________

______________________________

______________________________

______________________________

______________________________

______________________________

# Weekly Expenses

Month:__________ Week:__________ Budget: __________

## Monday

| Description | Amount |
|---|---|
| | |
| | |
| | |
| | |
| | |
| | |
| | |
| | |
| | |
| | |
| | |
| Total | |

## Tuesday

| Description | Amount |
|---|---|
| | |
| | |
| | |
| | |
| | |
| | |
| | |
| | |
| | |
| | |
| | |
| Total | |

## Wednesday

| Description | Amount |
|---|---|
| | |
| | |
| | |
| | |
| | |
| | |
| | |
| | |
| | |
| | |
| | |
| Total | |

## Thursday

| Description | Amount |
|---|---|
| | |
| | |
| | |
| | |
| | |
| | |
| | |
| | |
| | |
| | |
| | |
| Total | |

# Weekly Expenses

## Friday

| Description | Amount |
|---|---|
| | |
| | |
| | |
| | |
| | |
| | |
| | |
| | |
| | |
| | |
| | |
| Total | |

## Saturday

| Description | Amount |
|---|---|
| | |
| | |
| | |
| | |
| | |
| | |
| | |
| | |
| | |
| | |
| | |
| Total | |

## Sunday

| Description | Amount |
|---|---|
| | |
| | |
| | |
| | |
| | |
| | |
| | |
| | |
| | |
| | |
| | |
| Total | |

Notes:

# Weekly Expenses

Month:__________ Week:_________ Budget: _________

## Monday

| Description | Amount |
|---|---|
| | |
| | |
| | |
| | |
| | |
| | |
| | |
| | |
| | |
| | |
| | |
| Total | |

## Tuesday

| Description | Amount |
|---|---|
| | |
| | |
| | |
| | |
| | |
| | |
| | |
| | |
| | |
| | |
| | |
| Total | |

## Wednesday

| Description | Amount |
|---|---|
| | |
| | |
| | |
| | |
| | |
| | |
| | |
| | |
| | |
| | |
| | |
| Total | |

## Thursday

| Description | Amount |
|---|---|
| | |
| | |
| | |
| | |
| | |
| | |
| | |
| | |
| | |
| | |
| | |
| Total | |

# Weekly Expenses

## Friday

| Description | Amount |
|---|---|
| | |
| | |
| | |
| | |
| | |
| | |
| | |
| | |
| | |
| | |
| | |
| Total | |

## Saturday

| Description | Amount |
|---|---|
| | |
| | |
| | |
| | |
| | |
| | |
| | |
| | |
| | |
| | |
| | |
| Total | |

## Sunday

| Description | Amount |
|---|---|
| | |
| | |
| | |
| | |
| | |
| | |
| | |
| | |
| | |
| | |
| | |
| Total | |

Notes:

# Weekly Expenses

Month: __________ Week: __________ Budget: __________

## Monday

| Description | Amount |
|---|---|
| | |
| | |
| | |
| | |
| | |
| | |
| | |
| | |
| | |
| | |
| | |
| Total | |

## Tuesday

| Description | Amount |
|---|---|
| | |
| | |
| | |
| | |
| | |
| | |
| | |
| | |
| | |
| | |
| | |
| Total | |

## Wednesday

| Description | Amount |
|---|---|
| | |
| | |
| | |
| | |
| | |
| | |
| | |
| | |
| | |
| | |
| | |
| Total | |

## Thursday

| Description | Amount |
|---|---|
| | |
| | |
| | |
| | |
| | |
| | |
| | |
| | |
| | |
| | |
| | |
| Total | |

# Weekly Expenses

## Friday

| Description | Amount |
| --- | --- |
| | |
| | |
| | |
| | |
| | |
| | |
| | |
| | |
| | |
| | |
| | |
| Total | |

## Saturday

| Description | Amount |
| --- | --- |
| | |
| | |
| | |
| | |
| | |
| | |
| | |
| | |
| | |
| | |
| | |
| Total | |

## Sunday

| Description | Amount |
| --- | --- |
| | |
| | |
| | |
| | |
| | |
| | |
| | |
| | |
| | |
| | |
| | |
| Total | |

Notes: ______________________________

# Weekly Expenses

Month:__________ Week:_________ Budget: _________

## Monday

| Description | Amount |
|---|---|
| | |
| | |
| | |
| | |
| | |
| | |
| | |
| | |
| | |
| | |
| | |
| Total | |

## Tuesday

| Description | Amount |
|---|---|
| | |
| | |
| | |
| | |
| | |
| | |
| | |
| | |
| | |
| | |
| | |
| Total | |

## Wednesday

| Description | Amount |
|---|---|
| | |
| | |
| | |
| | |
| | |
| | |
| | |
| | |
| | |
| | |
| | |
| Total | |

## Thursday

| Description | Amount |
|---|---|
| | |
| | |
| | |
| | |
| | |
| | |
| | |
| | |
| | |
| | |
| | |
| Total | |

# Weekly Expenses

## Friday

| Description | Amount |
|---|---|
| | |
| | |
| | |
| | |
| | |
| | |
| | |
| | |
| | |
| | |
| | |
| Total | |

## Saturday

| Description | Amount |
|---|---|
| | |
| | |
| | |
| | |
| | |
| | |
| | |
| | |
| | |
| | |
| | |
| Total | |

## Sunday

| Description | Amount |
|---|---|
| | |
| | |
| | |
| | |
| | |
| | |
| | |
| | |
| | |
| | |
| | |
| Total | |

**Notes:**

# Monthly Budget

Month:________________ Budget:_____________

| Income | Amount |
|---|---|
| Income 1: | |
| Income 2: | |
| Other income: | |
| Total | |

| Bill To Be Paid | Date Due | Amount | Paid |
|---|---|---|---|
| | | | |
| | | | |
| | | | |
| | | | |
| | | | |
| | | | |
| | | | |
| | | | |
| | | | |
| | | | |
| | | | |
| | | | |
| | | | |
| | | | |
| | | | |
| | | | |
| | | | |
| | | | |
| | | | |
| | | | |
| | | | |
| | | | |
| | | | |
| | | | |
| | Total | | |

# Monthly Budget

| Other Expenses | Date | Amount |
|---|---|---|
| | | |
| | | |
| | | |
| | | |
| | | |
| | | |
| | | |
| | | |
| | | |
| | | |
| | | |
| | | |
| | | |
| | | |
| | | |
| | | |
| | | |
| | | |
| | | |
| | | |
| | | |
| Total | | |

| Total Income | Total Expenses | Difference |
|---|---|---|
| | | |

Notes: ____________________________________________

____________________________________________

____________________________________________

____________________________________________

____________________________________________

____________________________________________

# Weekly Expenses

Month:__________ Week:_________ Budget: _________

## Monday

| Description | Amount |
| --- | --- |
| | |
| | |
| | |
| | |
| | |
| | |
| | |
| | |
| | |
| | |
| | |
| Total | |

## Tuesday

| Description | Amount |
| --- | --- |
| | |
| | |
| | |
| | |
| | |
| | |
| | |
| | |
| | |
| | |
| | |
| Total | |

## Wednesday

| Description | Amount |
| --- | --- |
| | |
| | |
| | |
| | |
| | |
| | |
| | |
| | |
| | |
| | |
| | |
| Total | |

## Thursday

| Description | Amount |
| --- | --- |
| | |
| | |
| | |
| | |
| | |
| | |
| | |
| | |
| | |
| | |
| | |
| Total | |

# Weekly Expenses

## Friday

| Description | Amount |
|---|---|
| | |
| | |
| | |
| | |
| | |
| | |
| | |
| | |
| | |
| | |
| | |
| Total | |

## Saturday

| Description | Amount |
|---|---|
| | |
| | |
| | |
| | |
| | |
| | |
| | |
| | |
| | |
| | |
| | |
| Total | |

## Sunday

| Description | Amount |
|---|---|
| | |
| | |
| | |
| | |
| | |
| | |
| | |
| | |
| | |
| | |
| | |
| Total | |

**Notes:**

# Weekly Expenses

Month:__________ Week:_________ Budget: _________

## Monday

| Description | Amount |
| --- | --- |
| | |
| | |
| | |
| | |
| | |
| | |
| | |
| | |
| | |
| | |
| | |
| Total | |

## Tuesday

| Description | Amount |
| --- | --- |
| | |
| | |
| | |
| | |
| | |
| | |
| | |
| | |
| | |
| | |
| | |
| Total | |

## Wednesday

| Description | Amount |
| --- | --- |
| | |
| | |
| | |
| | |
| | |
| | |
| | |
| | |
| | |
| | |
| | |
| Total | |

## Thursday

| Description | Amount |
| --- | --- |
| | |
| | |
| | |
| | |
| | |
| | |
| | |
| | |
| | |
| | |
| | |
| Total | |

# Weekly Expenses

## Friday

| Description | Amount |
|---|---|
| | |
| | |
| | |
| | |
| | |
| | |
| | |
| | |
| | |
| | |
| | |

| | |
|---|---|
| Total | |

## Saturday

| Description | Amount |
|---|---|
| | |
| | |
| | |
| | |
| | |
| | |
| | |
| | |
| | |
| | |
| | |

| | |
|---|---|
| Total | |

## Sunday

| Description | Amount |
|---|---|
| | |
| | |
| | |
| | |
| | |
| | |
| | |
| | |
| | |
| | |
| | |

| | |
|---|---|
| Total | |

**Notes:**

# Weekly Expenses

Month:__________ Week:__________ Budget: __________

## Monday

| Description | Amount |
|---|---|
| | |
| | |
| | |
| | |
| | |
| | |
| | |
| | |
| | |
| | |
| | |
| Total | |

## Tuesday

| Description | Amount |
|---|---|
| | |
| | |
| | |
| | |
| | |
| | |
| | |
| | |
| | |
| | |
| | |
| Total | |

## Wednesday

| Description | Amount |
|---|---|
| | |
| | |
| | |
| | |
| | |
| | |
| | |
| | |
| | |
| | |
| | |
| Total | |

## Thursday

| Description | Amount |
|---|---|
| | |
| | |
| | |
| | |
| | |
| | |
| | |
| | |
| | |
| | |
| | |
| Total | |

# Weekly Expenses

## Friday

| Description | Amount |
|---|---|
| | |
| | |
| | |
| | |
| | |
| | |
| | |
| | |
| | |
| | |
| | |
| Total | |

## Saturday

| Description | Amount |
|---|---|
| | |
| | |
| | |
| | |
| | |
| | |
| | |
| | |
| | |
| | |
| | |
| Total | |

## Sunday

| Description | Amount |
|---|---|
| | |
| | |
| | |
| | |
| | |
| | |
| | |
| | |
| | |
| | |
| | |
| Total | |

**Notes:**

# Weekly Expenses

Month:__________ Week:__________ Budget: __________

## Monday

| Description | Amount |
|---|---|
| | |
| | |
| | |
| | |
| | |
| | |
| | |
| | |
| | |
| | |
| | |
| Total | |

## Tuesday

| Description | Amount |
|---|---|
| | |
| | |
| | |
| | |
| | |
| | |
| | |
| | |
| | |
| | |
| | |
| Total | |

## Wednesday

| Description | Amount |
|---|---|
| | |
| | |
| | |
| | |
| | |
| | |
| | |
| | |
| | |
| | |
| | |
| Total | |

## Thursday

| Description | Amount |
|---|---|
| | |
| | |
| | |
| | |
| | |
| | |
| | |
| | |
| | |
| | |
| | |
| Total | |

# Weekly Expenses

## Friday

| Description | Amount |
|---|---|
| | |
| | |
| | |
| | |
| | |
| | |
| | |
| | |
| | |
| | |
| | |
| Total | |

## Saturday

| Description | Amount |
|---|---|
| | |
| | |
| | |
| | |
| | |
| | |
| | |
| | |
| | |
| | |
| | |
| Total | |

## Sunday

| Description | Amount |
|---|---|
| | |
| | |
| | |
| | |
| | |
| | |
| | |
| | |
| | |
| | |
| | |
| Total | |

**Notes:**

# Monthly Budget

Month:______________ Budget:____________

| Income | | Amount |
|---|---|---|
| Income 1: | | |
| Income 2: | | |
| Other income: | | |
| | Total | |

| Bill To Be Paid | Date Due | Amount | Paid |
|---|---|---|---|
| | | | |
| | | | |
| | | | |
| | | | |
| | | | |
| | | | |
| | | | |
| | | | |
| | | | |
| | | | |
| | | | |
| | | | |
| | | | |
| | | | |
| | | | |
| | | | |
| | | | |
| | | | |
| | | | |
| | | | |
| | | | |
| | | | |
| | | | |
| | | | |
| | Total | | |

# Monthly Budget

| Other Expenses | Date | Amount |
|---|---|---|
| | | |
| | | |
| | | |
| | | |
| | | |
| | | |
| | | |
| | | |
| | | |
| | | |
| | | |
| | | |
| | | |
| | | |
| | | |
| | | |
| | | |
| | | |
| | | |
| | | |
| | | |
| Total | | |

| Total Income | Total Expenses | Difference |
|---|---|---|
| | | |

Notes:

# Weekly Expenses

Month:__________ Week:__________ Budget: __________

## Monday

| Description | Amount |
|---|---|
| | |
| | |
| | |
| | |
| | |
| | |
| | |
| | |
| | |
| | |
| | |
| Total | |

## Tuesday

| Description | Amount |
|---|---|
| | |
| | |
| | |
| | |
| | |
| | |
| | |
| | |
| | |
| | |
| | |
| Total | |

## Wednesday

| Description | Amount |
|---|---|
| | |
| | |
| | |
| | |
| | |
| | |
| | |
| | |
| | |
| | |
| | |
| Total | |

## Thursday

| Description | Amount |
|---|---|
| | |
| | |
| | |
| | |
| | |
| | |
| | |
| | |
| | |
| | |
| | |
| Total | |

# Weekly Expenses

## Friday

| Description | Amount |
|---|---|
| | |
| | |
| | |
| | |
| | |
| | |
| | |
| | |
| | |
| | |
| | |
| Total | |

## Saturday

| Description | Amount |
|---|---|
| | |
| | |
| | |
| | |
| | |
| | |
| | |
| | |
| | |
| | |
| | |
| Total | |

## Sunday

| Description | Amount |
|---|---|
| | |
| | |
| | |
| | |
| | |
| | |
| | |
| | |
| | |
| | |
| | |
| Total | |

**Notes:**

# Weekly Expenses

Month:__________ Week:_________ Budget: _________

## Monday

| Description | Amount |
|---|---|
| | |
| | |
| | |
| | |
| | |
| | |
| | |
| | |
| | |
| | |
| | |
| Total | |

## Tuesday

| Description | Amount |
|---|---|
| | |
| | |
| | |
| | |
| | |
| | |
| | |
| | |
| | |
| | |
| | |
| Total | |

## Wednesday

| Description | Amount |
|---|---|
| | |
| | |
| | |
| | |
| | |
| | |
| | |
| | |
| | |
| | |
| | |
| Total | |

## Thursday

| Description | Amount |
|---|---|
| | |
| | |
| | |
| | |
| | |
| | |
| | |
| | |
| | |
| | |
| | |
| Total | |

# Weekly Expenses

## Friday

| Description | Amount |
|---|---|
| | |
| | |
| | |
| | |
| | |
| | |
| | |
| | |
| | |
| | |
| | |
| Total | |

## Saturday

| Description | Amount |
|---|---|
| | |
| | |
| | |
| | |
| | |
| | |
| | |
| | |
| | |
| | |
| | |
| Total | |

## Sunday

| Description | Amount |
|---|---|
| | |
| | |
| | |
| | |
| | |
| | |
| | |
| | |
| | |
| | |
| | |
| Total | |

Notes:

# Weekly Expenses

Month:__________ Week:_________ Budget: _________

## Monday

| Description | Amount |
|---|---|
| | |
| | |
| | |
| | |
| | |
| | |
| | |
| | |
| | |
| | |
| | |
| Total | |

## Tuesday

| Description | Amount |
|---|---|
| | |
| | |
| | |
| | |
| | |
| | |
| | |
| | |
| | |
| | |
| | |
| Total | |

## Wednesday

| Description | Amount |
|---|---|
| | |
| | |
| | |
| | |
| | |
| | |
| | |
| | |
| | |
| | |
| | |
| Total | |

## Thursday

| Description | Amount |
|---|---|
| | |
| | |
| | |
| | |
| | |
| | |
| | |
| | |
| | |
| | |
| | |
| Total | |

# Weekly Expenses

## Friday

| Description | Amount |
|---|---|
| | |
| | |
| | |
| | |
| | |
| | |
| | |
| | |
| | |
| | |
| | |
| Total | |

## Saturday

| Description | Amount |
|---|---|
| | |
| | |
| | |
| | |
| | |
| | |
| | |
| | |
| | |
| | |
| | |
| Total | |

## Sunday

| Description | Amount |
|---|---|
| | |
| | |
| | |
| | |
| | |
| | |
| | |
| | |
| | |
| | |
| | |
| Total | |

Notes:

# Weekly Expenses

Month:________ Week:________ Budget: ________

## Monday

| Description | Amount |
| --- | --- |
| | |
| | |
| | |
| | |
| | |
| | |
| | |
| | |
| | |
| | |
| | |
| Total | |

## Tuesday

| Description | Amount |
| --- | --- |
| | |
| | |
| | |
| | |
| | |
| | |
| | |
| | |
| | |
| | |
| | |
| Total | |

## Wednesday

| Description | Amount |
| --- | --- |
| | |
| | |
| | |
| | |
| | |
| | |
| | |
| | |
| | |
| | |
| | |
| Total | |

## Thursday

| Description | Amount |
| --- | --- |
| | |
| | |
| | |
| | |
| | |
| | |
| | |
| | |
| | |
| | |
| | |
| Total | |

# Weekly Expenses

## Friday

| Description | Amount |
|---|---|
| | |
| | |
| | |
| | |
| | |
| | |
| | |
| | |
| | |
| | |
| | |
| Total | |

## Saturday

| Description | Amount |
|---|---|
| | |
| | |
| | |
| | |
| | |
| | |
| | |
| | |
| | |
| | |
| | |
| Total | |

## Sunday

| Description | Amount |
|---|---|
| | |
| | |
| | |
| | |
| | |
| | |
| | |
| | |
| | |
| | |
| | |
| Total | |

Notes:

# Monthly Budget

Month:________________ Budget:____________

| Income | Amount |
|---|---|
| Income 1: | |
| Income 2: | |
| Other income: | |
| Total | |

| Bill To Be Paid | Date Due | Amount | Paid |
|---|---|---|---|
| | | | |
| | | | |
| | | | |
| | | | |
| | | | |
| | | | |
| | | | |
| | | | |
| | | | |
| | | | |
| | | | |
| | | | |
| | | | |
| | | | |
| | | | |
| | | | |
| | | | |
| | | | |
| | | | |
| | | | |
| | | | |
| | | | |
| | | | |
| | | | |
| | Total | | |

# Monthly Budget

| Other Expenses | Date | Amount |
|---|---|---|
| | | |
| | | |
| | | |
| | | |
| | | |
| | | |
| | | |
| | | |
| | | |
| | | |
| | | |
| | | |
| | | |
| | | |
| | | |
| | | |
| | | |
| | | |
| | | |
| | | |
| | | |
| Total | | |

| Total Income | Total Expenses | Difference |
|---|---|---|
| | | |

Notes: ______________________________________

______________________________________

______________________________________

______________________________________

______________________________________

______________________________________

# Weekly Expenses

Month:__________ Week:_________ Budget: _________

## Monday

| Description | Amount |
|---|---|
| | |
| | |
| | |
| | |
| | |
| | |
| | |
| | |
| | |
| | |
| | |
| Total | |

## Tuesday

| Description | Amount |
|---|---|
| | |
| | |
| | |
| | |
| | |
| | |
| | |
| | |
| | |
| | |
| | |
| Total | |

## Wednesday

| Description | Amount |
|---|---|
| | |
| | |
| | |
| | |
| | |
| | |
| | |
| | |
| | |
| | |
| | |
| Total | |

## Thursday

| Description | Amount |
|---|---|
| | |
| | |
| | |
| | |
| | |
| | |
| | |
| | |
| | |
| | |
| | |
| Total | |

# Weekly Expenses

## Friday

| Description | Amount |
|---|---|
| | |
| | |
| | |
| | |
| | |
| | |
| | |
| | |
| | |
| | |
| | |
| Total | |

## Saturday

| Description | Amount |
|---|---|
| | |
| | |
| | |
| | |
| | |
| | |
| | |
| | |
| | |
| | |
| | |
| Total | |

## Sunday

| Description | Amount |
|---|---|
| | |
| | |
| | |
| | |
| | |
| | |
| | |
| | |
| | |
| | |
| | |
| Total | |

Notes: ______________________________

# Weekly Expenses

Month:________ Week:________ Budget: ________

## Monday

| Description | Amount |
|---|---|
| | |
| | |
| | |
| | |
| | |
| | |
| | |
| | |
| | |
| | |
| | |
| Total | |

## Tuesday

| Description | Amount |
|---|---|
| | |
| | |
| | |
| | |
| | |
| | |
| | |
| | |
| | |
| | |
| | |
| Total | |

## Wednesday

| Description | Amount |
|---|---|
| | |
| | |
| | |
| | |
| | |
| | |
| | |
| | |
| | |
| | |
| | |
| Total | |

## Thursday

| Description | Amount |
|---|---|
| | |
| | |
| | |
| | |
| | |
| | |
| | |
| | |
| | |
| | |
| | |
| Total | |

# Weekly Expenses

## Friday

| Description | Amount |
|---|---|
| | |
| | |
| | |
| | |
| | |
| | |
| | |
| | |
| | |
| | |
| | |
| Total | |

## Saturday

| Description | Amount |
|---|---|
| | |
| | |
| | |
| | |
| | |
| | |
| | |
| | |
| | |
| | |
| | |
| Total | |

## Sunday

| Description | Amount |
|---|---|
| | |
| | |
| | |
| | |
| | |
| | |
| | |
| | |
| | |
| | |
| | |
| Total | |

**Notes:** ____________________

# Weekly Expenses

Month:__________ Week:_________ Budget: _________

## Monday

| Description | Amount |
|---|---|
| | |
| | |
| | |
| | |
| | |
| | |
| | |
| | |
| | |
| | |
| | |
| Total | |

## Tuesday

| Description | Amount |
|---|---|
| | |
| | |
| | |
| | |
| | |
| | |
| | |
| | |
| | |
| | |
| | |
| Total | |

## Wednesday

| Description | Amount |
|---|---|
| | |
| | |
| | |
| | |
| | |
| | |
| | |
| | |
| | |
| | |
| | |
| Total | |

## Thursday

| Description | Amount |
|---|---|
| | |
| | |
| | |
| | |
| | |
| | |
| | |
| | |
| | |
| | |
| | |
| Total | |

# Weekly Expenses

## Friday

| Description | Amount |
|---|---|
| | |
| | |
| | |
| | |
| | |
| | |
| | |
| | |
| | |
| | |
| | |
| Total | |

## Saturday

| Description | Amount |
|---|---|
| | |
| | |
| | |
| | |
| | |
| | |
| | |
| | |
| | |
| | |
| | |
| Total | |

## Sunday

| Description | Amount |
|---|---|
| | |
| | |
| | |
| | |
| | |
| | |
| | |
| | |
| | |
| | |
| | |
| Total | |

Notes:

# Weekly Expenses

Month:_________ Week:_________ Budget: _________

## Monday

| Description | Amount |
|---|---|
| | |
| | |
| | |
| | |
| | |
| | |
| | |
| | |
| | |
| | |
| | |
| Total | |

## Tuesday

| Description | Amount |
|---|---|
| | |
| | |
| | |
| | |
| | |
| | |
| | |
| | |
| | |
| | |
| | |
| Total | |

## Wednesday

| Description | Amount |
|---|---|
| | |
| | |
| | |
| | |
| | |
| | |
| | |
| | |
| | |
| | |
| | |
| Total | |

## Thursday

| Description | Amount |
|---|---|
| | |
| | |
| | |
| | |
| | |
| | |
| | |
| | |
| | |
| | |
| | |
| Total | |

# Weekly Expenses

## Friday

| Description | Amount |
|---|---|
| | |
| | |
| | |
| | |
| | |
| | |
| | |
| | |
| | |
| | |
| | |
| Total | |

## Saturday

| Description | Amount |
|---|---|
| | |
| | |
| | |
| | |
| | |
| | |
| | |
| | |
| | |
| | |
| | |
| Total | |

## Sunday

| Description | Amount |
|---|---|
| | |
| | |
| | |
| | |
| | |
| | |
| | |
| | |
| | |
| | |
| | |
| Total | |

## Notes:

# Monthly Budget

Month:________________ Budget:_____________

| Income | Amount |
|---|---|
| Income 1: | |
| Income 2: | |
| Other income: | |
| Total | |

| Bill To Be Paid | Date Due | Amount | Paid |
|---|---|---|---|
| | | | |
| | | | |
| | | | |
| | | | |
| | | | |
| | | | |
| | | | |
| | | | |
| | | | |
| | | | |
| | | | |
| | | | |
| | | | |
| | | | |
| | | | |
| | | | |
| | | | |
| | | | |
| | | | |
| | | | |
| | | | |
| | | | |
| | | | |
| | | | |
| | Total | | |

# Monthly Budget

| Other Expenses | Date | Amount |
|---|---|---|
| | | |
| | | |
| | | |
| | | |
| | | |
| | | |
| | | |
| | | |
| | | |
| | | |
| | | |
| | | |
| | | |
| | | |
| | | |
| | | |
| | | |
| | | |
| | | |
| | | |
| | | |
| Total | | |

| Total Income | Total Expenses | Difference |
|---|---|---|
| | | |

Notes: ______________________________

# Weekly Expenses

Month:__________ Week:__________ Budget: __________

## Monday

| Description | Amount |
|---|---|
| | |
| | |
| | |
| | |
| | |
| | |
| | |
| | |
| | |
| | |
| | |
| Total | |

## Tuesday

| Description | Amount |
|---|---|
| | |
| | |
| | |
| | |
| | |
| | |
| | |
| | |
| | |
| | |
| | |
| Total | |

## Wednesday

| Description | Amount |
|---|---|
| | |
| | |
| | |
| | |
| | |
| | |
| | |
| | |
| | |
| | |
| | |
| Total | |

## Thursday

| Description | Amount |
|---|---|
| | |
| | |
| | |
| | |
| | |
| | |
| | |
| | |
| | |
| | |
| | |
| Total | |

# Weekly Expenses

## Friday

| Description | Amount |
|---|---|
| | |
| | |
| | |
| | |
| | |
| | |
| | |
| | |
| | |
| | |
| | |
| Total | |

## Saturday

| Description | Amount |
|---|---|
| | |
| | |
| | |
| | |
| | |
| | |
| | |
| | |
| | |
| | |
| | |
| Total | |

## Sunday

| Description | Amount |
|---|---|
| | |
| | |
| | |
| | |
| | |
| | |
| | |
| | |
| | |
| | |
| | |
| Total | |

**Notes:**

# Weekly Expenses

Month:__________ Week:__________ Budget: __________

## Monday

| Description | Amount |
|---|---|
| | |
| | |
| | |
| | |
| | |
| | |
| | |
| | |
| | |
| | |
| | |
| Total | |

## Tuesday

| Description | Amount |
|---|---|
| | |
| | |
| | |
| | |
| | |
| | |
| | |
| | |
| | |
| | |
| | |
| Total | |

## Wednesday

| Description | Amount |
|---|---|
| | |
| | |
| | |
| | |
| | |
| | |
| | |
| | |
| | |
| | |
| | |
| Total | |

## Thursday

| Description | Amount |
|---|---|
| | |
| | |
| | |
| | |
| | |
| | |
| | |
| | |
| | |
| | |
| | |
| Total | |

# Weekly Expenses

## Friday

| Description | Amount |
|---|---|
| | |
| | |
| | |
| | |
| | |
| | |
| | |
| | |
| | |
| | |
| | |
| Total | |

## Saturday

| Description | Amount |
|---|---|
| | |
| | |
| | |
| | |
| | |
| | |
| | |
| | |
| | |
| | |
| | |
| Total | |

## Sunday

| Description | Amount |
|---|---|
| | |
| | |
| | |
| | |
| | |
| | |
| | |
| | |
| | |
| | |
| | |
| Total | |

Notes:

# Weekly Expenses

Month:__________ Week:_________ Budget: _________

## Monday

| Description | Amount |
|---|---|
| | |
| | |
| | |
| | |
| | |
| | |
| | |
| | |
| | |
| | |
| | |
| Total | |

## Tuesday

| Description | Amount |
|---|---|
| | |
| | |
| | |
| | |
| | |
| | |
| | |
| | |
| | |
| | |
| | |
| Total | |

## Wednesday

| Description | Amount |
|---|---|
| | |
| | |
| | |
| | |
| | |
| | |
| | |
| | |
| | |
| | |
| | |
| Total | |

## Thursday

| Description | Amount |
|---|---|
| | |
| | |
| | |
| | |
| | |
| | |
| | |
| | |
| | |
| | |
| | |
| Total | |

# Weekly Expenses

## Friday

| Description | Amount |
|---|---|
| | |
| | |
| | |
| | |
| | |
| | |
| | |
| | |
| | |
| | |
| | |
| Total | |

## Saturday

| Description | Amount |
|---|---|
| | |
| | |
| | |
| | |
| | |
| | |
| | |
| | |
| | |
| | |
| | |
| Total | |

## Sunday

| Description | Amount |
|---|---|
| | |
| | |
| | |
| | |
| | |
| | |
| | |
| | |
| | |
| | |
| | |
| Total | |

## Notes:

# Weekly Expenses

Month:__________ Week:_________ Budget: _________

## Monday

| Description | Amount |
|---|---|
| | |
| | |
| | |
| | |
| | |
| | |
| | |
| | |
| | |
| | |
| | |
| Total | |

## Tuesday

| Description | Amount |
|---|---|
| | |
| | |
| | |
| | |
| | |
| | |
| | |
| | |
| | |
| | |
| | |
| Total | |

## Wednesday

| Description | Amount |
|---|---|
| | |
| | |
| | |
| | |
| | |
| | |
| | |
| | |
| | |
| | |
| | |
| Total | |

## Thursday

| Description | Amount |
|---|---|
| | |
| | |
| | |
| | |
| | |
| | |
| | |
| | |
| | |
| | |
| | |
| Total | |

# Weekly Expenses

## Friday

| Description | Amount |
|---|---|
| | |
| | |
| | |
| | |
| | |
| | |
| | |
| | |
| | |
| | |
| | |
| Total | |

## Saturday

| Description | Amount |
|---|---|
| | |
| | |
| | |
| | |
| | |
| | |
| | |
| | |
| | |
| | |
| | |
| Total | |

## Sunday

| Description | Amount |
|---|---|
| | |
| | |
| | |
| | |
| | |
| | |
| | |
| | |
| | |
| | |
| | |
| Total | |

## Notes:

We hope
you enjoyed our book !

Our goal, as a small family company is making your experience a great one.
There's nothing better than reading the valuable feedback from you,
so please let us know if you like our book at :
**eightidd@gmail.com**
or leave a review with your thoughts about it.

**Thanks for your amazing support !**

Made in the USA
Monee, IL
27 December 2021

87321254R00077